EIN LEBEN OHNE MÜLL ODER DAS ZERO WASTE PRINZIP

Wie du dein Leben ohne Plastik und Müll gesund und nachhaltig gestaltest.

Zero Waste für Einsteiger! Handbuch mit einfachen Tipps und Ideen zum Plastik vermeiden und Müll reduzieren.

Ilya Ru

HAFTUNGSAUSSCHLUSS

Dieses Buch / E-Book, enthält Meinungen und Ideen des Autors und verfolgt die Absicht, Menschen hilfreiches und informatives Wissen zu vermitteln. Die enthaltenen Tipps und Strategien könnten nicht zu jedem Leser passen. Es gibt keine Garantie dafür, dass sie auch bei jedem funktionieren.

Die Benutzung dieses Buches (E-Books) und die Umsetzung der darin enthaltenen Informationen erfolgt ausdrücklich auf eigenes Risiko. Der Autor übernimmt für etwaige Unfälle und Schäden, die sich beim Besuch der in diesem Buch aufgeführten Orte ergeben (z. B. aufgrund fehlender Sicherheitshinweise), keine Haftung.

Die in diesem Ratgeber enthaltenen Informationen können die Beratung durch einen Arzt oder gleichwertigen Fachspezialisten nicht ersetzen – sie sind keine medizinischen Anweisungen. Die Informationen dienen nur der Vermittlung von Wissen und können die individuelle Betreuung bei einem Sprechstundenbesuch nicht ersetzen. Die Umsetzung der hier gegebenen Empfehlungen sollte deshalb immer mit einem qualifizierten Fachspezialisten abgesprochen werden.

ohne besondere Kennzeichnung nicht zu der Annahme, dass solche Namen im Sinne der Warenzeichen- und Markenschutz-Gesetzgebung als frei zu betrachten wären und daher von jedermann benutzt werden dürfen.

Trotz sorgfältigem Lektorat können sich Fehler einschleichen. Autor ist deshalb dankbar für diesbezügliche Hinweise. Jegliche Haftung ist ausgeschlossen, alle Rechte bleiben

vorbehalten.

BILDHINWEIS

Du wirst dich beim Lesen dieses Buches vielleicht fragen, warum keine oder wenige farbige Fotos bzw. Bilder im Buch vorhanden sind. Dies hat einen erheblichen Grund, welchen ich dir gerne näher erläutere.

Es liegt daran, dass Fotos ein bestimmter Kostenfaktor sind, den du als Leser zu tragen hättest. Da ich meinen Lesern dieses Buch aber so günstig wie möglich anbieten möchte, habe ich mich für die reine Textversion entschieden.

Es macht am Ende auch keinen großen Unterschied, ob du Bilder im Buch hast oder nicht. Denn wie viele Ratgeber heutzutage beweisen, handelt es sich bei den meisten Bildern um Beispielbilder, die von professionellen Fotografen, Grafikdesignern oder Stylisten gestaltet wurden.

Dies kostet auch Geld und der Buchpreis müsste dann in diesem Fall viel höher angesetzt werden. Aus diesem Grund habe ich mich dafür entschlossen, hier keine oder wenig Bilder zu verwenden.

Ich hoffe auf dein Verständnis und wünsche dir bereits jetzt viel Spaß beim Lesen und Umsetzen!

Über den Autor

Ilya Ru wurde 1985 in Russland, Stadt Pjatigorsk geboren. Sein echter Name lautet Ilya Ponomarenko. Er gibt nie auf und vertritt der Meinung, dass jeder Mensch verdient hat, so zu leben, wie er möchte. Wir haben nur ein einziges Leben und es ist Frechheit die kostbare Lebenszeit für Dinge zu verschwenden, die man nicht mag oder hasst.

Im Jahr 2002 ist Ilya mit seiner Familie nach Deutschland ausgewandert. Er konnte kein Deutsch und hatte kein Geld.

Heute ist Ilya ein stolzer Familienvater, Verheiratet mit einer Frau, mit welcher er 10 Jahre zusammen war. Arbeitet als Kaufmännische Angestellte bei einer großen Firma und ist erfolgreich Selbstständig im Nebenerwerb.

Außerdem hat Ilya geschafft innerhalb von nur 90 Tagen über 27 kg gesund abzunehmen und haltet sein Gewicht heute noch ohne bösen Jo-Jo Effekt.

Auch seine Beziehung und Ehe halten, trotz Höhen und Tiefen immer fest. Als Frischgebackener Vater lernt

Ilya immer neues über die Kinder und Vater- bzw. Eltern sein dazu. Und natürlich ist das alles nicht einfach.

All das hat er nur dank seiner Persönlichkeitsentwicklung, learning by doing und vielen durchgemachten Fehler geschafft. Das Leben ist hart, aber es gibt immer eine Lösung. Das kennt Ilya zu gut.

Genau aus diesem Grund hat sich Ilya als Ziel gesetzt mindestens 10.000 Menschen dabei zu helfen, ein besseres, glückliches und erfühltes Leben zu führen. Und seine Bücher sind das beste Mittel um dieses Ziel erreichen. Ilya glaubt fest daran, dass man durch Hilfe anderen und geben, auch sich selbst hilft und sein eigenes Leben dadurch positiv verändert.

Egal ob es um Fitness und Gesundheit, Beziehung und Liebe oder Geld und Karriere handelt. In allen diesen Bereichen hat Ilya Erfahrungen gemacht und sammelt diese ständig weiter. Er lernt viel, informiert sich ständig und tauscht sich mit anderen Menschen aus und ist immer auf der Suche nach guten und praktischen Tipps, die das Leben und Karriere einfacher, erfolgreicher und entspannter machen können.

Seine Erkenntnisse und gesammelten Tipps, Ideen und Strategien gibt er in seinen Sachbüchern unter Pseudonym Ilya Ru weiter. Dabei unterstützt Ihn ein kleines Team von Themenexperten, Textern, Lektoren und Grafikdesignern um möglichst gute, qualitativ hochwertige und nützliche Ratgeber und Sachbücher zu veröffentlichen.

Und wenn man seine Tipps und Ideen aus Sachbüchern umsetzt, dann wird man sein Leben positiv verändern können, man muss es nur tun. Denn von nix, kommt auch nichts!

Weitere Infos über das Projekt Ilya Ru findest du unter www.ilyaru.com

INHALT

Vorwort

In den letzten Jahren habe ich mich immer mehr mit dem Thema „Zero Waste" beschäftigt. Ich selbst bin Vater und mache mir Sorgen um das zukünftige Leben meines Sohnes. Früher war es mir ehrlich gesagt egal. Ich habe mir darüber einfach keine Gedanken gemacht. Und ich dachte auch, dass ich selbst kaum Einfluss auf die Welt haben könnte. Was kann schon ein kleiner Mann für diesen großen Planeten tun?

Doch mit der Zeit ist mir klar geworden, dass, wenn jeder Mensch eine Kleinigkeit tun würde, weniger Müll produziert, weniger Plastik wegwirft, dann könnte unser Verhalten als eine Gesamtsumme große Auswirkungen haben. Denn gemeinsam sind wir stark und können alles erreichen.

Doch warum habe ich angefangen, mich mit diesem Thema zu beschäftigen?

Ich muss zugeben, dass ich Tiere sehr liebe. Und mir tut es jedes Mal weh, wenn ich sehe wie viel Plastikmüll in unsere Meere landet und wie sehr die Tiere darunter leiden. Ich bekomme viele Bilder und Videos in den Nachrichten, auf Facebook und YouTube zu sehen und realisiere, wie gefährlich unser Verhalten für uns selbst, die Tiere und den gesamten Planeten ist.

Und ich habe einfach Angst, dass mein Sohn in einer verpesteten Welt leben muss und das Essen nicht mehr genießen kann, weil es zu stark mit Schadstoffen belastet ist. Das ist doch krank. Wir selber machen uns krank. Wir selber sind schuld, dass es so weit kommen konnte.

Plastik schadet nicht nur unserer Umwelt, sondern auch unserer Gesundheit. Wir kaufen Lebensmittel verpackt in Kunststoff, pflegen unser Gesicht mit Cremes und Peelings, die Mikroplastik enthalten und tragen sogar Kleidung aus Plastik. So richtig bewusst ist den meisten Menschen dabei nicht, dass sie diese kleinen Plastik-Partikel über die Haut, Schleimhäute, dem Atem und der Nahrung aufnehmen und damit nicht nur die Umwelt belasten, sondern davon sogar krank werden können.

Laut Forscher sind die meisten Menschen in den Industrieländern BPA-belastet. Die Liste, der daraus entstehenden Gesundheitsschäden, scheint endlos zu sein: Asthma, Krebs, Herz-Kreislauf-Erkrankungen und Übergewicht sind nur ein kleiner Teil davon. Besonders Kinder, dessen Gehirn noch nicht vollständig entwickelt ist, leiden unter dem Gift, das in Plastik enthalten ist.

Heutzutage ist Plastik einfach überall und wenn wir nicht bald handeln, dann werden unsere Kinder später ein großes Problem haben. Denn sie sind diejenigen, die später vor dem riesigen Müllberg stehen, den wir ihnen hinterlassen haben. Dann wird irgendwann der Tag kommen, an dem es im Meer mehr Plastik als Fische gibt. Ein Material, das niemals ganz verschwindet, welches aber täglich in Form von neuen Produkten hergestellt wird. Aus diesem Grund müssen wir handeln – und zwar jeder einzelne von uns!

Was genau du tun kannst, um deinen Müllverbrauch zu reduzieren und wie du schon heute damit anfangen kannst gesünder zu leben, erfährst du in diesem Ratgeber. Ich habe sehr lange und gründlich recherchiert, was ein Zero Waste Lifestyle auf sich hat und welche Möglichkeiten es gibt, langsam darauf umzusteigen.

Mit diesem Buch möchte ich mit dir meine

Erkenntnisse, Informationen und Tipps teilen. Wer weiß, vielleicht kann ich dich mit diesem Buch überzeugen und zum Handeln bewegen. Vielleicht kann ich dir mit diesem Buch helfen ein neues Leben zu führen und für die Zukunft unserer Kinder und unseres Planeten sorgen.

Teil 1 – Der Zero Waste Lifestyle

Ein Leben ohne Müll - Ist das überhaupt realistisch? Während im Jahr 1996 in Deutschland noch 13,6 Tonnen Verpackungsabfälle anfielen, waren es 2015 ganze 18,2 Tonnen. Jedes Jahr steigt die Müllmenge an, und ebenfalls die Produktionsmenge von Kunststoffprodukten, denn die Nachfrage ist stetig vorhanden.

Rund 300 Millionen Tonnen Kunststoffprodukte werden jedes Jahr weltweit produziert (davon werden 2,7 Millionen Tonnen Plastikverpackungen allein in Deutschland produziert). Das ist ca. das 100-fache von der Menge, die vor 50 Jahren produziert wurde. Würden wir aus all dem Plastik, das wir insgesamt produziert haben, eine Folie herstellen, könnten wir unseren Planeten damit ganze sechs Mal umwickeln.

Und das Problem dabei: Die meisten Kunststoffe können bis zu 500 Jahre in der Erde oder im Wasser verbleiben und somit langfristig der Umwelt und unserer Gesundheit schaden. Unsere Zukunft ist in Gefahr!

Jeder Europäer verbraucht ca. 100 Kilo Plastik jährlich. Dabei verursachen die Menschen in Deutschland deutlich mehr Müll als der Durchschnitt der EU. Und dabei sollte man annehmen, dass sich doch eigentlich unser Umweltbewusstsein in den letzten Jahren gesteigert hat. Wie kann es dann sein, dass immer mehr Müll und besonders immer mehr Plastikmüll produziert wird?

Fakt ist: Wir müssen handeln! Und zwar jeder Einzelne von uns. Aber warum ist Müll, insbesondere Plastikmüll, überhaupt so schädlich? Und ist ein Zero Waste Lifestyle überhaupt möglich?[1]

---

[1] Quelle: https://www.spiegel.de/wirtschaft/service/muell-deutsche-produzieren-mehr-abfall-als-die-meisten-europaeer-a-1040252.html

KAPITEL 1: IST DIE ZERO-WASTE-BEWEGUNG ZU IDEALISTISCH?

Ist es zu idealistisch, sich ein Leben ohne Verschwendung vorzustellen? Wir alle haben so etwas wie eine Sucht nach Kaffee zum Mitnehmen und Plastikverpackungen entwickelt. Darum klingt dies eher nach einem sehr fernen Traum.

Es gibt aber einen Trend, genauer gesagt eine Zero-Waste-Bewegung. Menschen versuchen, so wenig Abfall wie möglich zu erzeugen, indem sie direkt bei den Produzenten einkaufen oder anstelle von Plastiktüten Stofftaschen verwenden. Viele legen auch im Garten einen Komposthaufen an, um ihren Müll zu reduzieren.

Aber was ist Zero Waste denn eigentlich genau?

Hier ist die Philosophie dahinter: Wir wollen nichts auf eine Mülldeponie bringen. Wir reduzieren, was wir verbrauchen, verwenden so viel wie möglich wieder, schicken wenig zum Recycling und kompostieren, was wir kompostieren können.

Es geht wirklich darum, das System neu zu definieren. Wir leben derzeit in einer linearen Wirtschaft, in der wir Ressourcen aus der Erde entnehmen und sie dann in ein riesiges Loch im Boden werfen. Das Ziel von Zero Waste ist es, zu einer Kreislaufwirtschaft zu gelangen. Die Kreislaufwirtschaft ahmt die Natur nach, da es in der Natur keinen Müll gibt. Anstatt Ressourcen zu verlieren, erstellen wir ein System, in dem alle Ressourcen wieder vollständig in das System aufgenommen werden können.

Klingt doch toll oder? Aber ist das auch realistisch?

Ja, das ist es! Aber dazu gehört auch ein bisschen Arbeit – dies erfordert besonders viel Arbeit an sich selbst. Es ist auf keinen Fall eine Sache, die man von heute auf morgen umstellen kann. Es geht darum, seine Verhaltensweisen und Gewohnheiten zu ändern und auch seinen Komfort ein wenig zurückzuschrauben. Darum ist es völlig in Ordnung, wenn man zuerst auf Low Waste (also weniger Müll) umsteigt.

Das Problem dabei ist, dass viele Menschen denken, dass sie kaum einen Einfluss auf die Welt haben werden. Und schon gar nicht, wenn sie es nicht schaffen direkt auf Zero Waste umzusteigen, sondern nur ein wenig Müll in ihrem Alltag reduzieren können. Darum denken sie sich: „Ach was soll's! Ich hab es versucht, aber nicht geschafft. Darum kehre ich jetzt um und gehe zurück zu meinen alten Gewohnheiten." Dabei sind sie sich nicht bewusst, dass wirklich jeder Schritt in die richtige Richtung zählt. Denn selbst dann, wenn du nicht „perfekt" deinen Müll einsparst, hast du immerhin schon eine kleine Menge eingespart, die den Planeten Erde weniger belastet und du kannst außerdem ein Vorbild sein und andere Menschen in deiner Umgebung dazu animieren, auch Müll einzusparen.

Denke einmal darüber nach:

Wir brauchen nicht alles, was wir für "nötig" halten. Viele Produkte werden für eine bestimmte Verwendung an uns verkauft. Wir Menschen benötigen jedoch keinen separaten Reiniger für den Boden, die Fenster und das Badezimmer. Wir brauchen keine acht blauen Pullover. Indem wir das reduzieren, was wir brauchen, reduzieren wir das, was wir irgendwann wegwerfen werden.

Warte zum Beispiel einige Zeit bevor du etwas kaufst. Überlege dir, ob du es wirklich brauchst oder nicht. Verwende etwas, das bereits vorhanden ist und konzentriere dich statt auf Einwegartikel auf Mehrwegartikel, wie zum Beispiel Stoff-Taschentücher anstelle von Einweg-Taschentüchern. Es gibt viele Dinge, die wir verändern können. Die Frage ist nur, ob wir bereit dafür sind. Denn es bedeutet in manchen Fällen: Mehr Aufwand, mehr Arbeit. Aber vielleicht auch weniger Ausgaben und vor allem weniger Umweltverschmutzung.

Jeden Tag kannst du aufs Neue eine Entscheidung

treffen und den Planeten positiv beeinflussen. Wie kommst du zur Arbeit? Wie kaufst du deine Lebensmittel ein? Was isst du? Alles ist miteinander verbunden. Jeder Kauf, hat Einfluss auf die Welt, und bestimmt somit über die Art der Welt, in der du leben möchtest.

Mit nur einem kleinen Schritt kannst du deinen Platzbedarf erheblich reduzieren. Null Abfall ist jedoch nicht nur gut für die Umwelt, du wirst auch eine Verbesserung deiner Lebensqualität feststellen. Zu den Nebenwirkungen gehören, dass du besser isst, dich besser fühlst, Geld sparst und keinen oder nur wenig Müll entsorgen musst![2]

---

[2] Quelle: https://wastelandrebel.com/de/was-ist-zero-waste/

KAPITEL 2: PLASTIK - WAS IST DAS EIGENTLICH?

Wir alle wissen, dass Plastik besonders schädlich für unseren Planeten ist. Aber was ist Plastik eigentlich? Plastik ist eigentlich nur eine umgangssprachliche Bezeichnung für Kunststoff. Bei der Herstellung von Plastik werden viele kleine chemische Teilchen im Labor zusammengefügt. Die Laboranten führen dann eine sogenannte Synthese durch. Die Teilchen bestehen dabei normalerweise aus:

- Erdöl
- Kohle
- oder Erdgas

Die kleinen chemischen Teilchen, die sich im Plastik befinden, bilden zusammen eine lange Kette und verflechten sich miteinander. Somit ergibt sich eine Struktur. Natürlich gibt es unterschiedliche Härten beim Plastik und auch die Formbarkeit und Bruchfestigkeit kann variieren. Dies wird durch den Druck, der bei der Synthese aufgebracht wird geregelt oder mit dem Verhältnis der Mischung bestimmt. Dadurch kann man dem Plastik unterschiedliche Formen und Eigenschaften verpassen. Man kann zum Beispiel weiches und biegsames Plastik herstellen, das man vor allem für Plastiktüten und Verpackungen benötigt oder hartes und stabiles Plastik, das beispielsweise für Trinkflaschen und Brotdosen genutzt wird.

Welche Arten von Plastik gibt es also?

Man unterscheidet grob zwischen sechs verschiedene Arten von Kunststoff:

1.   Polypropylen (PP)

PP ist ein sehr hartes und stabiles Plastik. Meistens benutzt man es, um Lebensmittel zu verpacken. Allerdings wird es zum Beispiel auch für Gartenmöbel, Autoteile oder Toilettendeckel verwendet.

2.   Polyethylen (PE)

PE erkennt man daran, dass es weiß und milchig wird, wenn man es auseinanderzieht. Es ist ein relativ bruchfester und zäher Kunststoff. Daher eignet es sich vor allem dazu, um Dinge einzuschweißen, wie zum Beispiel Bücher oder CDs. Es wird aber auch genutzt um beispielsweise Taschentücher oder Kleidung zu verpacken.

3.   Polyvinylchlorid (PVC)

PVC ist besonders hart, kann aber auch weich gemacht werden, indem man zum Beispiel Weichmacher und Stabilisatoren verwendet. Wegen seiner Flexibilität wird PVC häufig bei Bauarbeiten verwendet. Dort eignet es sich besonders für Fußböden, Fenster- oder Türrahmen, Rohre und Verkleidungen oder Isolierungen für Kabel.

4.   Polyurethan (PU/PUR)

Ein weiterer Kunststoff ist PU. Das Praktische an PU ist, dass man seine Eigenschaften leicht verändern kann, je nachdem welche chemischen Stoffe man verwendet. Daher kann PU besonders elastisch, aber auch stabil sein. Außerdem kann man aus PU Schaumstoffe herstellen, die meist zu Matratzen, Polster, Spülschwämmen usw. verarbeitet werden.

5.   Polyethylenterephthalat (PET)

PET ist ein leichter Kunststoff, der oft anstelle von Glas verwendet wird, da es bruchfest und trotzdem hart ist. Allerdings reagiert es ebenfalls empfindlich auf Hitze. Man verwendet PET zum Beispiel für Trinkflaschen, Laptops, Tablets und Haushaltsgeräte.

6.   Polystyrol (PS)

PS wird auch Styropor genannt und ist eigentlich transparent und hart. Wenn man ihn jedoch schwellen lässt, dann wird er weiß und man kann nicht mehr durch ihn hindurchschauen. Er ist dann außerdem weniger stabil und weniger elastisch. Stattdessen ist er fest und bricht schnell. Besonders empfindlich reagiert er auf Hitze. Dieser Schaumkunststoff wird zum Beispiel in Verpackungen platziert, um die Ware zu polstern. Außerdem wird PS für Wärmedämmungen beim Häuserbau verwendet.[3]

Das Wort "Poly" kommt übrigens aus dem Griechischen und steht für "viel". Denn Plastik besteht aus vielen kleinen Teilchen, die miteinander verbunden sind. Meist sind Produkte aus Plastik mit einem dreieckigen Symbol gekennzeichnet, das normalerweise einen Buchstabencode enthält. Darin steht dann aus welchem Plastik das Produkt hergestellt wurde. Du merkst also: Plastik ist in weitaus mehr enthalten, als nur in Kunststoffverpackungen. Es ist praktisch überall und wir verwenden es täglich mehrere Male.

Und das nicht ohne Folgen!

---

[3] Quelle: https://www.careelite.de/was-ist-plastik/

KAPITEL 3: WIE MÜLL UND PLASTIK UNSEREM PLANETEN SCHADEN

Du denkst wahrscheinlich: Was kann eine Plastikflasche schon großartig anrichten, wenn sie in die Natur gelangt? Sie liegt doch einfach nur da.

Aber Plastik bringt immer ein Problem mit sich: Denn es verschwindet nicht einfach so oder baut sich nach und nach ab. Es zerfällt immer in kleine Teile, wodurch Mikroplastik entsteht. Das macht Plastik so tückisch und gefährlich.

Unsere Umwelt leidet besonders unter diesem Material. Denn durch den Plastikmüll, den wir produzieren, gelangen immer mehr Schadstoffe in unser Grundwasser. Auch in Flüssen befindet sich eine Menge Plastikmüll. Denn besonders Mikroplastik (das beschreibt jedes Kunststoffteilchen, dass kleiner ist als 5 Millimeter) aus unseren Kosmetikprodukten, wie Zahnpasta, Duschgel usw. gelangt durch das Abwasser in unsere Flüsse und von dort aus ins Meer.

Plastik im Meer ist besonders problematisch, da es durch das Salzwasser und die Sonneneinstrahlung nur sehr langsam zerfällt. Somit dauert es ca. 450 Jahre bis eine Plastikflasche komplett zersetzt ist. Allerdings ist sie dann immer noch nicht weg. Denn sie zerteilt sich in winzig kleine Teilchen und wird zu Mikroplastik.

Mittlerweile befinden sich ca. 300 Millionen Tonnen Plastik in unseren Weltmeeren. Außerdem schätzen Forscher, dass ca. 70 % des Plastiks, das im Meer landet, frühzeitig zum Boden sinkt und sich deshalb auf dem Meeresboden befindet. Das sind also 210 Millionen Tonnen Plastik, die nicht an der Meeresoberfläche sichtbar sind. Ein Großteil des Plastiks wird außerdem an die Strände angespült. Somit passiert es, dass vollkommen einsame Strände komplett mit Plastikmüll bedeckt sind. Ein weiterer Teil des Plastiks gelangt in sogenannte Strudel, die sich mittlerweile zu regelrechten Müllstrudeln entwickelt haben.

Der Müll wird von hydrografischen Wirbeln im Ozean gesammelt, wodurch ein gigantischer Müllteppich entsteht. Der bekannteste Müllstrudel ist der „Great Pacific Garbage Patch". Er befindet sich im Nordpazifik und ist ca. so groß wie Mitteleuropa. Das Problem an solchen Strudeln – Gelangen die Plastikteile einmal in den Strudel, dann verlassen sie ihn nicht mehr. Ich weiß, es hört sich an, wie eine Horrorgeschichte. Aber das ist die bittere Realität. Durch den Strudel werden die Teile immer kleiner gemahlen, bis ein Pulver entsteht, welches extrem gefährlich ist. Denn es gelangt auf diese Weise sehr schnell in die Nahrungskette der Tiere.

Die Meeresbewohner leiden sehr unter den Plastikkonsum der Menschen. Fische, Wale, Delfine, aber auch Vögel verwechseln Plastik meist mit Nahrung und erleiden dadurch einen qualvollen Tod. Jährlich sterben durch die Aufnahme von Plastik, das in die Meere gelangt, ca. eine Million Seevögel und hundert Tausend Meeressäuger. Forscher finden immer wieder Unmengen an Plastik in den Bäuchen gestrandeter Tiere. Die Tiere erleiden meist tödliche Verletzungen durch Verstopfungen oder inneren Verletzungen, die durch scharfkantiges Plastik (z.B. durch Feuerzeuge oder Plastikdeckel) entstehen. Manchmal ersticken sie dadurch. Es kann aber auch sein, dass sie mit zu viel Plastik im Bauch verhungern. Denn obwohl der Magen voll ist, werden dem Körper keine Nährstoffe hinzugeführt, da Plastik im Magen nicht zersetzt werden kann.

Besonders Meeresschildkröten leiden unter unserem Plastikkonsum. Denn sie verwechseln Plastiktüten meist mit Quallen. Fische hingegen fallen auf Mikroplastik herein, da sie es für Plankton halten. Und Plankton frisst, das Plastikpulver, das in den Müllstrudeln entsteht, da es dies für Nahrung hält. Somit entsteht ein unaufhaltsamer Kreislauf. An dem auch wir Menschen beteiligt sind.[4]

Plastik ist einer der größten Übeltäter, wenn es darum

---

[4] Quelle: https://theoceancleanup.com/great-pacific-garbage-patch/

geht, wie wir Menschen unseren Planeten zumüllen. Allerdings gibt es auch andere Materialien bzw. Produkte, die unserem Plantet schaden.

Wie lange brauchen die Dinge, bis sie zersetzt sind?

Hier habe ich ein paar Beispiele für dich aufgelistet:

Glas	niemals
Aluminiumfolie	niemals
Plastiktüten	bis zu 1.000 Jahre
Angelschnur	600 Jahre
Plastikflasche	450 Jahre
Einweg-Windeln	250 – 500 Jahre
Batterien	100 Jahre
Getränkedose	80 - 200 Jahre
Styroporbecher	50 Jahre
Plastiktüte	10 – 20 Jahre
Zigaretten	10 – 12 Jahre
Milchkartons	5 Jahre
Wolle	1 – 5 Jahre
Papier	2 – 6 Wochen
Essensreste	1 – 2 Monate[5]

---

[5] Quelle: https://www.thebalancesmb.com/how-long-does-it-take-garbage-to-decompose-2878033

KAPITEL 4: WIE WIR UNS TÄGLICH VERGIFTEN UND UNS SELBST KRANK MACHEN

Wusstest du, dass uns der Müll, den wir täglich produzieren, auf Dauer beeinflusst? Wir alle nehmen jeden Tag Plastik durch die Luft und über die Haut auf. Aber vor allem auch über unsere Nahrung.

In dem Moment des Wegwerfens denken viele Menschen nicht an die Konsequenzen. Sie verstehen nicht, dass sich der Plastikschnipsel schon Minuten später im Bauch eines Tieres befinden kann. Viele wissen nicht, dass sogar wir selbst die Konsequenzen dafür tragen müssen. Denn das Plastik, das in die Nahrung der Fische gelangt, gelangt automatisch auch in unsere Nahrung, wenn wir den Fisch essen. Der Körper des Fischs enthält nach der Verarbeitung immer noch kleine Plastikpartikel. Somit wird das Plastik, das der Fisch gegessen hat, auch zu unserer Nahrung. Und das ist auch von uns Deutschen nicht weit entfernt. Selbst in der Nordsee wurden in einigen Fischen Mikroplastik entdeckt. Obwohl man in diesen Gebieten eher wenig Plastik vermutet hätte.

Außerdem hat man Mikroplastik mittlerweile in herkömmlichen Lebensmitteln, wie Milch und in Honig gefunden. Und besonders betroffen sind Kosmetikartikel, wie beispielsweise Seife, Shampoo, Zahnpasta, Peelings und Schminke.

Nun nochmal zur Erinnerung – Plastik besteht aus Rohstoffen, wie Kohle, Erdöl und Erdgas. Und außerdem noch aus:

- Weichmacher
- Stabilisatoren
- Flammschutzmittel
- Füllstoffe
- Antistatikmittel
- Oder anderen giftigen Stoffen

Wenn man bedenkt, dass wir genau diese Stoffe jeden Tag essen und mit ihnen in Kontakt kommen, kann man sich ausmalen, wie sich das auf unsere Gesundheit auswirkt.

Phthalate und Bisphenol A

Besonders gefährlich für unsere Gesundheit sind Phthalate und Bisphenol A (BPA). Phthalate sind Weichmacher, die zum Beispiel in Fußböden oder Sportartikeln enthalten sind. Laut Wissenschaftler verändern sie unser Immunsystem und unser Gehirn. Außerdem sind sie krebserregend und fortpflanzungsgefährdend. BPA wird in der Welt am meisten produziert, da es besonders formstabil und hart ist. Es ist aber auch gleichzeitig einer der schädlichsten

Kunststoffsorten.

Denn BPA ist fettlöslich und kann somit leichter vom Körper über die Nahrung oder über die Haut aufgenommen werden und geht von dort aus direkt in unsere Blutlaufbahn. Aber auch mit dem Hausstaub können wir BPA über unsere Atmung aufnehmen. Laut Studienergebnissen soll BPA auch besonders gut über Schleimhäute aufgenommen werden. Dabei ist es ganz egal, wie wir es aufnehmen, Fakt ist, es hat unsere Körper bereits eingenommen. Da man BPA im Urin nachweisen kann, hat man erkannt, dass die meisten Menschen stark BPA-belastet sind. Dies ist vor allem in den industriellen Ländern der Fall.

Wissenschaftler vermuten, dass sich die Chemikalien, die im Plastik bzw. im Mikroplastik enthalten sind erheblich auf unsere Gesundheit auswirken können. Denn BPA enthält zum Beispiel ein synthetisches Hormon, das sich auf unseren Östrogenspiegel auswirkt und somit unsere Gesundheit negativ beeinflusst. Auch Phthalate wirken auf unseren Hormonhaushalt. Sie stehen im Verdacht, Testosteron zu unterdrücken.

Dabei ist unser Hormonhaushalt unglaublich wichtig für unsere Gesundheit. Denn Hormone senden Signale an unsere Zellen, sodass diese darauf reagieren. Die Veränderung des Hormonhaushalts kann somit Auswirkungen auf viele Bereiche unseres Körpers haben. Daher vermuten Wissenschaftler auch, dass der Anstieg an hormonell bedingten Krankheiten in unserer Gesellschaft, nicht den Genen zugeschrieben werden kann, sondern eher durch äußere Einflüsse entstanden ist, wie zum Beispiel durch Plastik.

Der Kontakt zu Plastik kann somit zu vielen gesundheitlichen Beeinträchtigungen und Krankheiten führen, wie zum Beispiel:

- Unfruchtbarkeit (da es die Spermienproduktion beeinflusst)
- Krebs
- Fettleibigkeit
- Funktionsstörungen im Gehirn
- Diabetes
- Allergien und Asthma
- Herzerkrankungen
- Und vieles mehr

Außerdem haben Studien gezeigt, dass das Risiko für eine Fehlgeburt bei Schwangeren mit dem höchsten Anteil an Phthalaten im Urin, fünf Mal höher ist. BPA soll zudem noch die Entwicklung des Gehirns bei Kindern beeinflussen, nervenschädigend sein und in der Schwangerschaft für Fehlbildungen und veränderten Verhaltensentwicklungen verantwortlich sein. [6]

Es ist praktisch überall

Experten warnen vor allem vor Polyvinylchlorid (PVC), da es Weichmacher (Phthalaten), wie Polycarbonat (PC), Bisphenol A (BPA), bromierte Flammschutzmittel und Organzinnverbindungen enthält. Diese sind zum Beispiel im Kinderspielzeug, Verpackungen, Regenjacken, Klebstoff und Wickelunterlagen enthalten.

Des Weiteren hat Mikroplastik die Eigenschaft, Schadstoffe aufzusaugen (zum Beispiel krebserregende Stoffe, wie PCB oder Insektizide). Das bedeutet, dass wir diese Stoffe zusätzlich aufnehmen und uns quasi selbst damit vergiften. Wenn du also wissen möchtest, ob sich Bisphenol und Weichmacher in deinem Blut befinden, dann lautet die Antwort wahrscheinlich Ja.

Denn 80 Prozent der Nahrungsmittel, die wir im Supermarkt kaufen, kommen aus Plastikverpackungen. Dazu gehören zum Beispiel Fleisch- und Milchprodukte, Süßigkeiten und sogar manches Obst und Gemüse. Insgesamt kann man davon ausgehen, dass es keinen schadstofffreien

---

[6] Quelle: https://www.zentrum-der-gesundheit.de/bpa-bisphenol-ia.html

Kunststoff gibt. Denn auch die Plastiksorten PE, PP und PET, die für die Lebensmittelbranchen zugelassen sind, enthalten schädliche Stoffe, die sie auf die Umgebung übertragen. Auf die Gesundheitsschäden und Gefahren weißt allerdings so gut wie kein Hersteller hin. Und viele Verbraucher wissen davon nichts oder unterschätzen deren Auswirkungen.

In Europa wurden mittlerweile schon strengere Maßnahmen eingeführt. Somit ist beispielsweise BPA in Babyfläschchen in der EU komplett verboten und seit 2015 dürfen in Frankreich keine Lebensmittelverpackungen mit Bisphenol A mehr hergestellt oder importiert werden.[7]

Als Ersatz soll nun Bisphenol S (BPS) herhalten. Doch Studien haben belegt, dass auch diese Plastiksorte wie Östrogene wirken und das Gehirn schädigen. Man fand außerdem heraus, dass BPS zu Frühgeburten führt, da es die Entwicklung des Embryos im Mutterleib beschleunigt. Des Weiteren wurde eine Wirkung von Schilddrüsen-Hormone festgestellt.[8]

Es ist ziemlich eindeutig: Plastik ist billig, leicht und einfach praktisch. Daher wird es immer weiter hergestellt

---

[7] Quelle: https://www.zentrum-der-gesundheit.de/bisphenol-a-verbot-ia.html
[8] Quelle: https://www.spektrum.de/news/wie-gefaehrlich-sind-bisphenol-a-und-seine-ersatzstoffe/1285126

und von den Verbrauchern immer weiter konsumiert. Aber zu welchem Preis? Denken wir einmal an unsere Kinder, die in 50 Jahren immer noch auf der Welt sind. Wie wird es dann aussehen?

25

KAPITEL 5: DIE SCHLIMMEN FOLGEN VON PLASTIK UND MÜLL, FALLS WIR UNS NICHT ÄNDERN

Wie viele von uns sicher wissen: Müll schädigt die lokalen Ökosysteme und bedroht das Leben von Pflanzen und Tieren.

Der meiste Müll landet auf Mülldeponien. Diese Deponien sollen das Austreten von Giftstoffen in die Umwelt verhindern, um eine Kontamination der Wasserversorgung zu vermeiden. Mülldeponien gelten aber auch als beliebter Ort der Nahrungsaufnahme für Vögel und andere Tiere. Viele Müllsorten, die diese Tiere essen, können Krankheiten verursachen. Viele überdachte Deponien wurden in der Vergangenheit zu Parks und Erholungsgebiete umgewandelt, aber sie setzen kontinuierlich Methan und andere Gase durch Entlüftungsöffnungen frei, da sich ihr Inhalt immer noch zersetzt.

Das Schlimmste ist der Plastikmüll!
Insbesondere Kunststoff hat eine Reihe von Umweltproblemen verursacht. Plastik wird wegen seiner Haltbarkeit verwendet, aber diese Haltbarkeit bedeutet auch, dass es sich langsam zersetzt. Zudem ist Plastik stark, sodass sich Tiere, die in Plastik gefangen sind, oft nicht mehr befreien können. Das Recycling von Kunststoff hilft, diesen Schaden zu mindern.

Man sagt, dass jede Minute ca. ein mit Plastikmüll geladener Müllwagen in unsere Ozeane landet und sich die Menge in den nächsten 35 Jahren vervierfachen wird. Wer die Fakten also kennt und sich den Trend genau anschaut, versteht, dass unsere Kinder später ein großes Problem haben werden. Denn sie sind es, die vor dem riesigen „Müllberg" stehen werden, den wir ihnen jetzt hinterlassen.

Da jedes Jahr ca. 8 Millionen Tonnen Plastikmüll hinzukommen und Plastik niemals verrottet, könnte es im Jahr 2050, so schätzen Experten, dreimal so viel Plastikmüll im Meer geben, wie es Fische gibt.

Man konnte nachweisen, dass Hochseevögel, wie beispielsweise der Eissturmvogel, jetzt schon durchschnittlich 27 Plastikteile in ihren Mägen herumtragen. Außerdem sollen jetzt schon rund zwei Drittel aller Seevögel Plastikteile gefressen habe. 1960 betrug der Anteil an plastikverseuchten Seevögel noch 5%. Durch den Anstieg von 80% sind viele Vogelarten zurückgegangen. Im Jahr 2050 sollen 99% der Mägen aller Vogelarten und 95% der Mägen aller Tierarten Plastikteile enthalten. Das liegt vor allem daran, dass sich der Plastikverbrauch in den letzten 50 Jahren verzwanzigfacht hat und immer weiter ansteigt.

Momentan beträgt der Anteil an Plastikmüll im Meer noch ein Fünftel des Gewichts aller Fische. Wir könnten das

Ruder also noch herumreißen.

Mit sogenannten Meeressäuberungs-Projekten versucht man nun die Müllstrudel aufzulösen und unsere Ozeane zu reinigen. Das bekannteste Projekt „The Ocean Cleanup" will dies im großen Stil machen. Dazu wurden Fangarme an einer Flotte angebracht, die den Müll „einsammeln" und anschließend zu einer Plattform leiten sollen. An dieser soll dann der Müll gesammelt und hinterher an Land recycelt werden. Das Projekt hat sich das Ziel gesetzt in 20 Jahren 90 Prozent des Plastikmülls von der Oberfläche der Meere zu fischen. Allerdings ist fragwürdig, wie realistisch dieses Ziel ist.

Außerdem haben all diese Projekte zusammen nur einen minimalen Effekt auf das große Ganze. Denn es kommt täglich immer mehr Plastikmüll nach. Fakt ist, dass wir nicht noch mehr Plastik-Müll produzieren dürfen. Denn jede Plastikflasche und jede Tüte zählt. Wir müssen daher unbedingt Kunststoffe vermeiden oder Altes recyceln. Die ersten Ansätze sind gemacht. Mittlerweile gibt es schon Verbote von Kunststofftüten oder Strohhalmen. Manche Länder haben Plastiksteuern eingeführt.

Aber damit ist es noch nicht genug. Wir müssen handeln, und zwar jeder einzelne von uns! Vielen Menschen ist das Problem des Plastikmülls zwar bewusst, aber sie wissen nicht wirklich, wie sie vorgehen sollen, um den Plastikverbrauch zu verringern.

KAPITEL 6: IST EIN ZERO-WASTE-LIFESTYLE WIRKLICH SINNVOLL UND NACHHALTIG?

Wir alle denken über das große Umweltproblem nach: Welchen Unterschied können wir machen, wenn es Millionen von anderen einfach egal ist? Wir haben hunderte Geschichten in unserem Leben gelesen und gehört, in denen Einzelpersonen große Dinge bewirkt haben. Also müssen wir glauben, dass wir etwas bewirken können.

Viele fragen sich aber: Wer ist der wahre Täter?

Die Frage ist nicht ganz so leicht zu beantworten. Privatverbraucher und Konzerne hängen immer zusammen. Denn wo Nachfrage ist, ist auch ein Angebot. Und wenn günstig angeboten wird, sagt der Käufer meist nicht Nein.

Immer mehr Lebensmittel werden in Kunststoff-Schalen oder Plastikverpackungen angeboten. Mittlerweile gibt es in manchen Supermärkten schon geschälte Orangen verpackt in Plastik. Dies hängt vor allem auch damit zusammen, dass wir immer bequemer werden. Wir wollen immer mehr Zeit einsparen und greifen schneller zu Fertiggerichten, wie Tiefkühlpizza, und abgepackte Salate oder geschnittenes Gemüse. Es ist einfach praktisch. Allerdings produzieren diese Produkte auch eine Menge Müll, was bei den Verbrauchern schnell vergessen wird.

Besonders in Deutschland ist der Plastikverbrauch extrem hoch. Laut des Umweltbundesamtes ist Deutschland mit jährlich 220,5 Kilo pro Kopf Spitzenreiter in der EU. Ganze 47% des Abfalls kommen von Privatverbrauchern. Das größte Problem ist dabei der Verpackungsmüll. Viele Verpackungen haben Dosierhilfen oder aufwendige Verschlüsse. Aber auch durch den Versandhandel entsteht eine Menge Plastikmüll. Außerdem wird eine Menge Plastik dafür verwendet Nahrungsmittel und Produkte in kleinen Portionen anzubieten. Wir wollen alles praktisch halten, wollen Essen und Trinken mitnehmen, um das Leben leichter und genussvoller zu machen. Allerdings schaden wir damit unserer Umwelt und uns selbst.

Aber: Die Konzerne sind dabei nicht ganz unschuldig!

Die wohl größten Plastikmüll-Produzenten sind vor allem die großen Konzerne, wie Nestlé und Coca-Cola. Da die Kontaminierung mit Plastikmüll auf der Freedom Island in den Philippinen besonders schlimm ist (so schlimm, dass man den Strand kaum noch sehen kann), wurde eine Aufräumaktion gestartet, um gemeinsam mit vielen Freiwilligen den Strand aufzuräumen. Unter anderem war auch Greenpeace an den Aufräumarbeiten beteiligt. Die Organisation sah sich dabei den Plastikmüll etwas genauer an und stellte fest, dass der größte Anteil des Plastiks von Nestlé kam. Nachdem sie 54.260 Teile Plastikmüll (das meiste davon Verpackungen und Tüten) genauer unter die Lupe genommen hatten, erstellten sie ein Firmenranking, bei dem Nestlé eindeutig auf Platz eins landete.

Weltweit sei allerdings Coca-Cola Spitzenreiter unter den größten Produzenten von Plastikmüll, dicht gefolgt von PepsiCo und Nestlé. Dies wurde nach unterschiedlichen Aufräumaktionen in 42 Ländern festgestellt. Dabei fand man auch heraus, dass Styropor, wie zum Beispiel Einweg-Kaffeebecher, am weitesten verbreitet war, dicht gefolgt von PET.

Hier ist eine Rangliste nach Greenpeace:

1. Coca-Cola
2. PepsiCo
3. Nestlé
4. Danone
5. Mondelez International
6. Procter & Gamble
7. Unilever
8. Perfetti van Melle
9. Mars Incorporated
10. Colgate-Palmolive

Ein wichtiger Punkt hierbei ist, dass man nicht die

gesamte Schuld auf die Privatverbraucher abwälzen kann. Denn auch Unternehmen müssen etwas gegen den Plastikmüll unternehmen und mehr Verantwortung tragen.

Sie müssen unbedingt die Produktion für Einwegverpackungen senken bzw. einstellen. Besonders im Vertrieb eines Unternehmens ist es schwierig Alternativen einzusetzen. Denn die internationale Logistik verwendet vorzugsweise Plastikfolie oder sogar Plastikpaletten. Auf dem Weg von der Fabrik bis zum Supermarkt wird am meisten Plastik verwendet. Es müssen daher unbedingt neue Systeme entwickelt werden, wie man Waren umweltfreundlicher auf Schiffen oder Zügen transportieren kann. Besonders für kleine Betriebe ist das ein Problem. Denn diese müssten sich in Sachen Produktion und Lieferung komplett neu organisieren. Das würde zum Beispiel bedeuten, dass neue Verpackungsmaschinen angeschafft werden müssen, was einen hohen Kostenaufwand nach sich zieht.

Coca Cola, PepsiCo und Nestlé machen nun den Anfang: Sie haben sich dazu verpflichtet ihre Verpackungen bis 2025 wiederverwertbar oder kompostierbar zu machen. Allerdings tragen nicht nur die Konzerne zum Plastikkonsum bei, sondern auch wir Verbraucher. Denn wir kaufen und konsumieren ja schließlich die Produkte, die hergestellt werden. Wir müssen als Privatverbraucher bewusster mit Plastikmüll umgehen und dürfen uns nicht von den großen Konzernen leiten lassen.

Was ist mit den Schwellenländern?

Außerdem wurde festgestellt, dass vor allem die Schwellenländer einen hohen Anteil an Plastikmüll beisteuern. Dabei sind fünf asiatische Schwellenländer (China, Indonesien, die Philippinen, Thailand und Vietnam) allein für 60% des Plastikmülls, das in unsere Meere landet, verantwortlich.

Der Grund dafür sei das schnelle Wachstum der Schwellenländer. Zum Beispiel werden in Indonesien jedes Jahr zehn Milliarden Plastiktüten in Geschäften ausgehändigt, die so gut wie gar nicht recycelt werden. Allerdings ist der Verbrauch an Plastik pro Kopf in asiatischen Schwellenländern niedriger als in europäischen Ländern oder den Vereinigten Staaten.

Das Problem ist allerdings: Es existiert kein Recycling System in diesen Ländern. Und durch das Wirtschaftswachstum können sich immer mehr Menschen neue Produkte leisten. Der Berg aus Plastikmüll wird somit immer größer.

Um dem entgegen zu wirken, müssten diese fünf Länder ihre Abfallentsorgung verbessern. Dadurch könnte man die Müllmenge in den Weltmeeren in den nächsten zehn Jahren um ca. 50% senken. Dies ist allerdings auch ein Kostenfaktor. Schätzungsweise werden jährlich fünf Milliarden Dollar in den USA allein für die Verbesserung der Entsorgungssysteme ausgegeben.

Aber ein Zero-Waste-Lifestyle ist trotzdem nachhaltig und sinnvoll! Denke einmal logisch darüber nach: Wenn nur eine Person mehr auf seinen Müllkonsum achtet, entsteht weniger Müll für die Deponie. Diese Person wirft kein Plastik mehr weg, welches letztendlich in die Ozeane gelangt oder die Bäuche unserer Tiere füllt. Jedes Stück weniger Plastik macht unsere Welt zu einem besseren Ort.

Und ein Leben ohne Müll kann bedeutungsvolle Vorteile im Leben haben!

KAPITEL 7: DIE 5 GRÖSSTEN VOR-TEILE DES LEBENS OHNE MÜLL

Kannst du dir ein Leben ohne Müll vorstellen? Ein Leben ohne Müll wäre schwieriger, aber nicht unmöglich. Es gibt viele Befürworter für ein müllfreies Leben oder zumindest ein Leben mit weniger Müll. Denn sie tun dies nicht nur für die Umwelt, sondern auch für sich selbst.

Dies sind die größten Vorteile:

Unsere Umgebung ist viel ästhetischer

Wenn wir anfangen, den Kunststoff aus unserem Haus zu entfernen, wird unsere Umgebung viel natürlicher aussehen und sich auch viel natürlicher anfühlen. Natürlichkeit trägt zu unserem Wohlbefinden bei und gibt uns ein gutes Gefühl! Wir könnten mit ein paar interessanten Edelstahleimern und einem Edelstahlkessel enden. Unsere Lebensmittel werden zum Beispiel in Glas- oder Metallbehältern gelagert, was viel ästhetischer aussieht, als in Plastikverpackungen verpackte Lebensmittel. Unsere Einkäufe werden mit Stofftaschen erledigt, die immer wieder verwendet werden können. Wir kochen mit Metallutensilien. Wir tragen Wasserflaschen aus Edelstahl oder Glas mit uns herum, wenn wir unterwegs sind.

Wir müssen nicht ständig neue Dinge kaufen und sparen auf Dauer Geld

Durch den Zero-Waste-Lifestyle kaufen wir Dinge, die länger halten. Viele Produkte aus Glas, Holz oder Edelstahl halten viel länger als Dinge aus Plastik. Sie haben oft eine bessere Qualität und daher auch eine längere Lebensdauer als billige Plastikprodukte. Dies gilt natürlich nicht für alle Produkte. Denn manche Dinge sind tatsächlich langlebiger, wenn sie aus Plastik bestehen.

Zudem zerbricht zum Beispiel Glas schneller als Plastik. Aber zum Zero-Waste-Lifestyle gehört auch das Recyceln. Wir werfen Dinge also weniger häufig weg, sondern reparieren sie oder stellen etwas Neues aus ihnen her. Dies führt dazu, dass wir nicht ständig neue Dinge kaufen müssen. Auf Dauer kann man dadurch eine Menge Geld sparen.

Wir leben umweltfreundlicher

Wie schon erwähnt, hat Müll einen negativen Einfluss auf unsere Umwelt. Darum leben wir viel umweltfreundlicher, wenn wir auf Müll verzichten. Eine große Menge Kunststoff wird aus Erdölprodukten gewonnen, was bedeutet, dass durch die Produktion von jedem Plastikteil unsere Erdölressourcen ein Stück weit vermindert werden. Auch die Trennung und das Recycling von Kunststoff sind arbeits-

und energieintensiv. Wenn man all die Dinge bedenkt, ist es offensichtlich, dass man etwas Gutes für unsere Umwelt tut, sobald man Plastik und Müll einspart.

Wir leben gesünder

Es besteht ein echtes Risiko, dass Karzinogene aus Kunststoff in unsere Lebensmittel, Getränke und sogar in die Kosmetikprodukte gelangen. Dies kann erhebliche Auswirkungen auf unsere Gesundheit haben. Weniger Kunststoffverpackungen führen zu einer besseren und gesünderen Auswahl an Speisen und Getränken sowie zu gesunden Kosmetikprodukten. Wir fühlen uns nicht nur besser, weil wir von umweltfreundlichen Dingen umgeben sind, sondern fühlen uns auch wohl in Bezug auf unseren Beitrag zur Welt. Diese Dinge machen einen Menschen glücklich und glückliche Menschen leben im Durchschnitt bekanntlich länger.

Es gibt unseren Kindern eine Zukunft

Denke an all die Spielzeuge, die heutzutage aus Kunststoff hergestellt werden, und überlegen, wie viele dieser Spielzeuge in die Münder unserer Kinder gelangen. Wenn die Giftstoffe aus Kunststoff in unsere Nahrung gelangen können, kann man mit Sicherheit sagen, dass sie sich beim Spielen auf den Körper des Kindes übertragen können. Und unsere Kinder sind viel anfälliger, weil sie ein weniger entwickeltes Immunsystem haben. Wenn wir das nächste Mal ein Geschenk für einen geliebten Menschen kaufen, sollten wir nachdenklicher sein. Es ist Zeit, anders zu denken und sich die Mühe zu machen, bessere Entscheidungen für unsere Lieben und die Welt zu treffen, in der wir leben. Zudem können wir, wie ich schon erwähnt haben, durch den positiven Einfluss auf unsere Umwelt, die Zukunft unserer Kinder retten.

KAPITEL 8: WIR BRAUCHEN MEHR MENSCHEN, MIT NACHHALTIGEN IDEEN

Die gute Nachricht ist: Es gibt schon einige tolle nachhaltige Ideen, die das Potenzial haben, um unsere Welt zu deinem besseren Ort zu machen. Wir brauchen mehr von diesen Menschen. Wir brauchen mehr nachhaltige Ideen und Menschen, die sich auf diesem Gebiet spezialisieren. Denn dies wird uns allen dabei helfen, die Idee von einem Zero-Waste-Lifestyle umzusetzen.

Zum Beispiel gibt es schon einige tolle Alternativen zu Plastik:

Im Jahr 2016 produzierte jeder Deutsche ca. 220 Kilo Plastikmüll, der nur von Verpackungen stammt. Wir müssen diese Zahlen unbedingt senken. Grundsätzlich muss vor allem das Recycling von Plastik und der Einsatz von Recycling-Materialien verstärkt werden, damit wir unsere Rohstoffe schonen. Aber der wichtigste Punkt ist der, dass wir Müll grundsätzlich vermeiden sollten, indem wir auf unnötige materialintensive Verpackungen verzichten.

Mittlerweile gibt es schon tolle Alternativen zu Plastik. Die gute Nachricht ist nämlich, dass sich viele Organisationen und Länder für ein plastikfreies Leben einsetzen. So will Frankreich zum Beispiel bis 2020 Plastikgeschirr verbieten. Auch in Deutschland haben Supermärkte begonnen, Geld für Plastiktüten zu verlangen oder sogar gar keine Plastiktüten mehr anzubieten. Außerdem gab es in den letzten Jahren ein paar tolle neue Ideen, um den Plastikverbrauch herunterzuschrauben. Zum Beispiel:

Besteck, das man essen kann

Dies hat sich eine indische Firma einfallen lassen. Sie stellten essbares veganes Besteck aus Reis, Hirse und Weizen her, um dem Plastikgeschirr ein Ende zu bereiten. So kann man beispielsweise Gabel und Messer nach dem Essen ebenfalls essen. Ansonsten löst sich das Besteck einfach irgendwann auf, ohne dabei Schadstoffe zu hinterlassen.

Algen-Wasserflaschen

Diese Wasserflaschen wurden von Ari Jonsson, ein isländischer Student, entwickelt. Er stellte sie aus einem Pulver von roten Algen her, damit sie biologisch abbaubar sind. Das Interessante an diesen Flaschen ist: Sie bleiben in ihrer Form, solange sie Wasser enthalten. Sind sie jedoch leer, fangen sie an sich zu zersetzen und verrotten quasi von selbst. Die Flaschen wären sogar essbar, da sie nur aus natürlichen Materialien bestehen. Der Geschmack ist aber nicht unbedingt jedermanns Sache.

Holznetze für Obst

In Österreich hat eine Firma Netze aus kompostierbaren Materialien hergestellt. Aus Holz formten sie mit der sogenannten Double-Twist Technologie reißfeste Netze für Obst und Gemüse. Diese werden mittlerweile in zahlreichen Supermärkten genutzt, wodurch bisher rund 3 Tonnen Plastik für Obstnetze eingespart werden konnten.

Getränkehalter aus Getreide

Die schädlichen Plastik-Getränkehalter, in denen sich Schildkröten schnell verfangen, wurden nun aus Getreide hergestellt. Dies hat sich eine amerikanische Firma ausgedacht. Sie haben es geschafft essbare Getränkehalter herzustellen, die genauso stabil sind, wie die herkömmlichen Plastikhalter. Allerdings sind die Weizen-Getränkehalter nicht nur biologisch abbaubar, sondern auch besonders tierfreundlich. Denn Schildkröten und andere Meeresbewohner könnten sie einfach essen, sollten diese ihnen in die Quere kommen.

Milchfolie

Mit dem in Milch enthaltenen Casein-Protein wurde nun ein Ersatz für Plastikfolien geschaffen. Im Gegensatz zur herkömmlichen Plastikfolie ist die Milchfolie jedoch luftundurchlässiger und elastischer. Plastikfolie besteht normalerweise aus Erdöl, welches ein nicht-nachwachsender Rohstoff ist und somit nicht nachhaltig verwendet werden kann. Milch hingegen kann immer wieder produziert werden und ist dazu noch ökologisch abbaubar.

Stroh als Styropor-Ersatz

Diese Erfindung gewann 2016 den deutschen Verpackungspreis. Dabei wurde Stroh in Form von Platten gepresst und mit einer biologisch abbaubaren Folie aus Stärke umhüllt. Denn man fand heraus, dass Stroh ebenso gut isoliert, wie Styropor und daher dieses umweltschädliche Material ersetzen kann. Außerdem nimmt Stroh die Feuchtigkeit besser auf und reduziert sie somit in seiner Umgebung.

Du merkst schon, dass man Plastik mit so einigen natürlichen Materialien ersetzen kann. Sollte dir selbst etwas einfallen, wie man bestimmte Produkte aus Plastik ersetzen kann, dann solltest du nicht zögern und damit an die Öffentlichkeit gehen. Denn jede Idee zählt!

KAPITEL 9: BIST DU EIN EXPERTE?

Damit du dich selbst kontrollieren kannst, ob du die Informationen aus diesem Teil des Buches schon verarbeitet hast, solltest du dir diese Fragen einmal anschauen. Du kannst sie entweder im Kopf versuchen zu beantworten oder die Antworten auf einen Zettel schreiben. Wenn du dir nicht sicher bist, solltest du die ein oder andere Stelle noch einmal nachlesen, damit du zu einem echten Experten auf diesem Gebiet wirst.

1.   Was ist das Ziel von der Zero-Waste-Bewegung?

2.   Welche 6 Arten von Plastik gibt es? (Kürzel reichen aus)

3.   Was geschieht, wenn Plastik ins Meer gerät?

4.   Warum wird BPA auf der Welt von allen Plastikarten am meisten produziert und warum ist es so gefährlich?

5.   Was ist das Ziel des Projektes „The Ocean Cleanup"?

6.   Welche drei Großkonzerne sind laut Greenpeace die schlimmsten Übeltäter, wenn es um die Umweltverschmutzung durch Plastikmüll geht?

7.   Nenne 3 Vorteile für ein Leben ohne Müll.

8.   Welche nachhaltige Idee aus Kapitel 8 könnte deiner Meinung nach am meisten zur Müllreduzierung beitragen?

Teil 2 – Tipps und Tricks zum Zero Waste Lifestyle

Nun kommen wir zu dem wohl wichtigsten Teil des Buches. Hier findest du alle Tipps und Anregungen, wie du Plastik in deinem Alltag reduzieren kannst, um nicht nur deine Umwelt zu schonen, sondern auch deinen Körper zu entlasten und somit deine Gesundheit zu fördern.

Dazu solltest du dir zunächst einmal deinen Plastikkonsum bewusst machen. Die folgenden Fragen können dir dabei helfen:

- Welche Dinge kaufst du, die in Plastik verpackt sind? Und wie könntest du die Plastikverpackungen vermeiden?

- Welche Produkte kaufst du, die selbst aus Plastik bestehen? Welche Alternativen gibt es?

- Und am wichtigsten ist die Frage: Brauchst du diese(s) Produkt(e) wirklich?

- Wenn ja, solltest du dich auch fragen:

- Wie kannst du das Plastik wiederverwerten oder recyceln?

Denn Produkte aus Plastik, die schon besitzt, solltest du nicht einfach wegwerfen, sondern am besten weiter verwenden oder recyceln. Solltest du keinen Nutzen für bestimmte Plastikprodukte oder Verpackungen mehr finden, dann solltest du sie auf alle Fälle richtig entsorgen. Trenne den Plastikmüll von Papier und werfe ihn in die entsprechende Mülltonne.

KAPITEL 10: DER 11-SCHRITTE-PLAN - SO GEHST DU ES AM BESTEN AN

Ein Leben mit weniger Müll zu führen ist nicht so schwer und erfordert nur ein wenig Übung und Nachdenken. Dies sind die ersten Schritte, die du tun kannst, um deinen Müllverbrauch zu reduzieren. Dies ist die Basis. Von dort aus kannst du deinen Lifestyle immer weiter ausbauen.

Du solltest verstehen, dass es nicht darum geht, direkt perfekt zu sein und absolut keinen Müll mehr zu produzieren. Es geht eher darum, einen Anfang zu machen und von dort aus immer weiter an sich selbst zu arbeiten.

Hier also die ersten einfachen Schritte, die du tun kannst, um in ein Leben mit weniger Müll zu starten:

Schritt 1: Was kann ich wiederverwenden bzw. reparieren?

Der beste Weg, um Müll zu reduzieren, ist es darüber nachzudenken, wie man Dinge wiederverwenden kann. Denke vor jedem Kauf eines neuen Produktes darüber nach, ob du dieses Produkt nicht selbst herstellen oder bauen kannst, und zwar aus Dingen, die du bereits zuhause hast. Auch bevor du etwas wegwirfst, solltest du dir Gedanken dazu machen, ob du diesen Gegenstand vielleicht wiederverwenden kannst. Vielleicht kannst du Dinge auch reparieren oder etwas völlig Neues daraus bauen.

Schritt 2: Einen Kompost anlegen

Das Starten eines Kompostbehälters ist eines der besten Dinge, die du für die Umwelt tun kannst. 25% von allem, was wir wegwerfen, ist kompostierbar, und 16% der Methanemissionen stammen von organischen Stoffen, die sich auf Deponien nicht zersetzen können.

Es ist einfach, einen Kompost für den Garten anzulegen. Selbst wenn du schlecht im Kompostieren bist, ist es immerhin besser, als überhaupt nicht zu kompostieren. Wenn du für diese Aufgabe nicht bereit bist, versuche, deine organischen Abfälle zu einem Bauern, einem Gemeinschaftsgarten oder zu einem örtlichen Kompostierdienst zu bringen.

Schritt 3: Die richtige Mülltrennung

Mülltrennung ist besonders wichtig, da auf diese Weise ein Teil des Plastiks wiederverwertet werden kann. Wirfst du beispielsweise einen Joghurtbecher in den Restmüll, dann wird er einfach nur verbrannt. Dadurch entstehen Treibhausgase. Landet er jedoch in den Plastikmüll (ganz egal, ob er vorher ausgespült wurde oder nicht) wird er mit der

Müllabfuhr zur Sortieranlage gebracht, wo der Müll getrennt wird. Dieser Prozess hat zwar auch einen hohen Energieaufwand, ist aber trotzdem noch umweltfreundlicher, als die Müllverbrennung. Denn Rohstoffe, wie Plastik oder Metall werden somit mehrfach wiederverwendet.

Der Aluminium-Deckel des Joghurts (falls einer vorhanden ist) wird somit zu Getränkedosen oder Auto-Teilen recycelt, und aus der Papierbanderole (trennt man sie vorher vom Plastikmüll und wirft sie in den Papiermüll) wird Toilettenpapier oder Schreibpapier hergestellt. Der Plastikbecher an sich wird zusammen mit verschiedenen Plastikmüllsorten zu einem Ballen gepresst, aus dem dann je nach Plastikart neue Produkte hergestellt werden. Aus PET-Ballen werden zum Beispiel Jacken, Regenschirme oder Handschuhe hergestellt und aus PE-Ballen werden beispielsweise Plastikrohre oder Mülltonnen. Du merkst also: Mülltrennen lohnt sich! Es ist zwar zeitaufwendig und mühsam, aber macht wirklich Sinn. Du wirst merken, dass du kaum noch Restmüll produzierst, wenn du den Glas- und Papiermüll recycelst und den Biomüll kompostierst.

Schritt 4: Was kann ich ausleihen?

Wieso müssen wir eigentlich alle einen Vorrat von allem haben? Warum kann man sich nicht einfach bestimmte Dinge von einem Freund oder einem Mitglied der Familie ausleihen und dieser Person im Gegenzug Dinge anbieten, die sie sich leihen kann? Wir müssen Dinge nicht unbedingt neu kaufen, wenn wir sie nur hin und wieder brauchen. Andere Menschen in deinem Umfeld besitzen diesen Gegenstand vielleicht und brauchen ihn auch nicht täglich. Frag dich also, bevor du dir etwas Neues kaufst, ob es jemanden in deinem Umfeld gibt, der diese Sachen vielleicht schon hat.

Schritt 5: Was kann ich gebraucht kaufen?

Gebrauchte Dinge zu kaufen, ist immer noch besser als neue Dinge zu kaufen. Es gibt viele Kleiderbörsen oder Flohmärkte auf denen man gebrauchte Dinge kaufen kann. Der Vorteil dabei ist auch, dass diese Dinge meist viel günstiger sind. Schaue selbst, welche Möglichkeiten es in deiner Nähe gibt.

Schritt 6: Mehrwegtaschen

Verwende sie für ALLE deine Einkäufe von der Zoohandlung bis zum Baumarkt. Bevor du dein Haus verlässt, frage dich, ob du eine wiederverwendbare Tasche benötigen wirst. Wenn du zu Fuß unterwegs bist, nehme eine kleine, faltbare Tasche, die du praktisch transportieren kannst. Mache es dir zur Gewohnheit, sie gleich nach dem Entladen im Haus wieder in den Kofferraum zu legen. Dann ist es ganz egal, wo du dich gerade befindest, denn du hast sie immer dabei.

Schritt 7: Werbung im Briefkasten stoppen

Du willst es nicht und die Bäume wollen es auch nicht. Du kannst bei jedem Unternehmen anrufen, um Werbung zu stoppen. Oder aber du gehst auf die Website und schaltest sie ab. Manche kleben wiederum einen praktischen kleinen Aufkleber auf ihren Briefkasten, der angibt, dass man keine Werbung erhalten möchte.

Schritt 8: Tausche Einwegprodukte aus

Papiertücher können durch Lappen ersetzt werden. Taschentücher können durch Stofftaschentücher ersetzt werden und so weiter. Treffe auch bessere Entscheidungen, wenn es um Toilettenpapier geht. Wie wäre es mit einer Recycling-Variante? Es gibt viele Dinge, die sich durch Mehrwegprodukte ersetzen lassen. Denke darüber nach. Mehr Ideen dazu findest du in den folgenden Kapiteln.

Schritt 9: Verwende Multi-Tasker

Suche nach Produkten, die doppelte Leistung bringen. Je weniger Produkte du kaufst oder herstellst, desto weniger Zutaten wirst du benötigen und desto weniger Ressourcen wirst du verwenden. Du brauchst nicht für jeden Bereich deines Lebens ein spezielles Produkt. Warum acht verschiedene Reiniger kaufen, wenn ein Allzweckreiniger alles erledigen kann?

Schritt 10: Stelle Dinge selber her

Stelle zum Beispiel deine eigenen Reinigungsprodukte her. Dies kann zum Beispiel ein Allzweckreiniger sein, den du im ganzen Haus verwendest. Überlege dir auch hier, was du selbst herstellen kannst und nicht kaufen musst. Versuche zum Beispiel deine eigenen Kosmetikprodukte herzustellen. Es ist so einfach, Shampoo oder eigene Lotion herzustellen! Wenn du dies nicht selbst tun möchtest, solltest du auf Bio-Alternativen umsteigen. Weitere Ideen zum selber herstellen, findest du ebenfalls in den folgenden Kapiteln.

Schritt 11: Bleib bewusst!

Sei ein bewusster Verbraucher. Denke an das Vorher- und Nachher-Leben eines jeden Produktes, das du in dein Leben bringst. Wie ist es zu dir gekommen und wo geht es hin, nachdem du damit fertig bist?

KAPITEL 11: ZERO WASTE BEIM EINKAUFEN

Wenn du in Zukunft Müll beim Einkaufen vermeiden möchtest, dann solltest du die folgenden Vermeidungsstrategien anwenden:

Im Supermarkt

• Gehe mit Korb, Stoffbeutel oder Rucksack einkaufen

Bringe immer einen Korb/eine Einkaufstasche oder einen Jute- bzw. Stoffbeutel mit, damit du keine Plastiktüte oder Papiertüte an der Kasse kaufen musst. Denn jeder Deutsche verbraucht im Durchschnitt 76 Plastiktüten pro Jahr. Außerdem ist die Ökobilanz bei Einweg-Tragetaschen, egal ob aus Papier oder Plastik, extrem schlecht. Daher ist es gut, dass es diese Tüten an der Kasse im Supermarkt normalerweise nur noch gegen einen Aufpreis erhältlich sind.

• Vermeide Einwegverpackungen

Kaufe generell lieber Mehrweg-, statt Einwegverpackungen. Oder besser noch: Verzichte ganz auf Verpackungen. Manche Produkte sind sogar doppelt und dreifach verpackt, wie zum Beispiel einzeln verpackte Kekse im Plastikbeutel. Schaue dazu nach Alternativen. Obst und Gemüse wird meist alternativ ohne Verpackung angeboten. Manche Produkte, wie Senf, Ketchup oder Milch gibt es manchmal auch in Glasflaschen zu kaufen.

• Vermeide Plastikflaschen und Tetrapaks
Auch wenn es sich dabei um Pfandflaschen handelt, tust du der Umwelt damit nichts Gutes. Greife lieber zu Glasflaschen!

• Kaufe dort ein, wo es weniger bzw. kein Plastik gibt
Kaufe auf dem Wochenmarkt ein. Dort ist das Obst und Gemüse normalerweise nicht in Plastik verpackt. Mittlerweile gibt es vereinzelt schon Supermärkte, die ihre Lebensmittel ohne Plastikverpackungen anbieten (sogenannte „Unverpackt"-Läden). Dort bringen die Käufer zum Beispiel ihre eigenen Gefäße und Behälter mit, um die Nahrungsmittel zu transportieren. Informiere dich darüber, wo es solche Läden in deiner Nähe gibt. Schaue generell immer nach alternativen Anbietern. Kaufe Aufback-Brötchen zum Beispiel beim Bäcker, statt verpackt im Supermarkt. Mittlerweile gibt es auch schon im Internet Zero-Waste-Läden. Diese verschicken zum Beispiel die Ware in bereits benutzte Kartons.

• Protestiere im Supermarkt gegen den Plastikmüll
Eine Alternative wäre auch, die Produkte mit allen unwichtigen Plastikverpackungen auszupacken und den

Plastikmüll direkt im Supermarkt zu lassen. Damit zeigt man zwar, dass man gegen den Plastikmüll protestiert, jedoch hilft es in dem Moment nicht wirklich den Plastikkonsum zu reduzieren. Besser ist es Supermärkte auf unnötige Plastikverpackungen hinzuweisen und zum Einkauf von umweltfreundlicheren Produkten zu animieren.

Verzichte außerdem auf:

- Tiefkühlkost aus dem Supermarkt

Die tiefgefrorenen Lebensmittel haben normalerweise eine plastikbeschichtete Verpackung. Wenn du selbst Lebensmittel einfrieren möchtest, solltest du wiederverwendbare Beutel benutzen.

- Nehme Glasbehälter von Zuhause mit

Lasse dir deinen Aufschnitt und Käse direkt darin verpacken. Dies wird häufig in Bioläden oder auf Märkten gemacht. Auf Wunsch verpacken viele die Lebensmittel auch in Papier.

Beim Shoppen

- „Tüte? Nein, danke!"
Lehne auch hier Plastiktüten möglichst ab und nehme stattdessen eine Tasche oder einen Jutebeutel mit zum Einkaufen.

- Bitte nicht noch mehr Plastik!
Kaufe möglichst keine neuen Produkte aus Plastik. Wenn doch, sollte das Plastik zumindest frei von Schadstoffen, wie Polyvinylchlorid (PVC), Polycarbonat (PC) oder Bisphenol A (BPA) sein. Dies ist meistens auf den Produkten deklariert. Auch Produkte aus recyceltem Plastik sind immer noch umweltfreundlicher als reines neues Plastik. Greife aber im Idealfall lieber zu Materialien, wie Holz, Glas oder Metall.

- Kaufe Kleidung aus natürlichem Material
Kaufe Kleidung aus Naturfasern, statt Mikroplastik. Denn Kleidung aus Kunstfasern, wie beispielsweise Sport- und Outdoorkleidung, enthält Mikroplastik, das beim Waschvorgang in das Wasser und somit in unsere Gewässer gelangt. Ein Waschsack, in der man die plastikhaltige Kleidung stecken kann, sorgt dafür, dass weniger Schadstoffe in unsere Umwelt gelangen.

- Überlege dir, ob du wirklich neue Kleidung

brauchst

Hast du nicht schon genug Kleidung im Schrank? Tausche deine alte Kleidung zum Beispiel mit Freunden oder Familienmitgliedern, wenn du deine alte nicht mehr sehen kannst. Außerdem gibt es Second-Hand-Läden und Kleider-Tauschbörsen zu denen du sowohl Kleidung hinbringen kannst, die du nicht mehr anziehst, als auch Second-Hand-Kleidung kaufen kannst.

KAPITEL 12: ZERO WASTE IM HAUSHALT

Auch im Haushalt lässt sich eine Menge Müll einsparen. Hier ein paar Tipps und Tricks:

- Koche frisch

Verzichte auf Fertigprodukte und koche stattdessen frisch! Frisch kochen ist ohnehin viel gesünder.

- Trinke Wasser aus der Leitung oder aus Glasflaschen

Trinke Wasser aus der Leitung, statt Wasser in Plastikflaschen zu kaufen. Eine Alternative dazu wären natürlich Glasflaschen. Allerdings wiegt ein Kasten Wasser in Glasflaschen erheblich mehr als der Sechser-Träger Wasser in Plastikflaschen. Außerdem sind Mehrwegflaschen aus Glas nicht unbedingt immer umweltfreundlicher als die aus Plastik. Denn manchmal haben sie besonders lange Transportwege hinter sich. Die optimale Lösung dafür wäre: Man füllt sich Leitungswasser in eine Mehrwegflasche aus Glas und hat diese immer dabei.

- Nutze Schraubgläser

Benutze Schraubgläser statt Tupperware, um deine Lebensmittel aufzubewahren. Dazu musst du keine

Schraubgläser kaufen, du kannst zum Beispiel einfach alte Marmeladen- oder Senfgläser ausspülen und wiederverwenden. Manche Senfgläser lassen sich übrigens auch wunderbar als Trinkgläser verwenden.

• Verwende die richtige Pfanne
Verwende Guss-Pfannen, statt beschichtete Pfannen, denn die beschichteten Pfannen bestehen meist aus einer Kunststoffschicht. Da sich diese Schicht nach und nach ablöst, gelangt sie so leicht in das Essen.

• Nutze in der Küche lieber Utensilien aus Holz und Edelstahl
Viele Haushaltswaren, wie Küchenhelfer oder Kochlöffel, können zum Beispiel durch Holz oder Edelstahl ersetzt werden.

• Stelle deine eignen Putz- und Waschmittel her
Da Putz- und Waschmittel üblicherweise in Plastikbehältern verpackt sind und viele ebenfalls Mikroplastik enthalten ist es ratsam Bio-Putzmittel bzw. Bio-Waschmittel zu kaufen. Wenn diese dir zu teuer sind, kannst du sie auch ganz einfach selbst herstellen. Wie das geht, erfährst du später im Buch.

• Nutze alternative Haushaltsreinigungsmittel

Nimm zum Beispiel ein Metallreiniger aus Edelstahl, eine Holzbürste zum leichten Schrubben, eine alte Zahnbürste für schwer zugängliche Stellen und Lumpen für alles andere (Boden, Kühlschrank, Spiegel usw.)

• Benutze ein Stofftaschentuch

Dies ist wohl die beste Alternative zu Taschentüchern, die in Plastik verpackt sind. Denn es spart nicht nur Plastik- und Papiermüll ein, sondern schont auch gleichzeitig die Nase. Wenn man auf Papiertaschentücher nicht verzichten kann, sollte man diese in Kartons kaufen.

• Kaufe deinen Haustieren Spielzeug aus Naturfasern

Denn auch Tiere leiden unter den Schadstoffen im Plastik. Hunde, die zum Beispiel viel auf ihr Spielzeug kauen, sollten daher unbedingt Spielzeug aus Naturfasern bekommen.

• Verzichte auf Frischhaltefolie

Als Alternative kann man abbaubare oder wiederverwertbare Frischhaltetücher nehmen, die normalerweise mit Bienenwachs überzogen sind.

Für die Kinder

- Verwende Stoffwindeln

Sie sind zwar in der Anschaffung teurer als Einweg-Windeln, allerdings spart man dadurch auf Dauer eine Menge Geld, sie sind gesundheitsschonender für die Kinder und man produziert weniger Müll.

- Achte auf gesundes Kinderspielzeug

Ersetze Kinderspielzeug aus Plastik kann zum Beispiel durch Holzspielzeug ersetzt werden oder Spielzeug aus Stoff.

- Gestalte das Lunchpaket plastikfrei

Gebe deinen Kindern eine Trinkflasche aus Edelstahl, statt aus Plastik mit in den Kindergarten oder in die Schule. Auch Plastik-Brotdosen können durch Holz- oder Edelstahlbrotdosen ersetzt werden.

Im Badezimmer

Was steckt eigentlich hinter den Bezeichnungen auf unseren Kosmetikprodukten? Mikroplastik versteckt sich in vielen Namen, die auf Kosmetikprodukten deklariert werden, wie zum Beispiel:

- Acrylate Copolymer (AC)
- Acrylates Crosspolymer (ACS)
- Polyamide (PA)

- Polyethylen (PE)
- Polyproylen (PP)
- Siloxane
- Polyethylenterephthalat (PET)
- Polyurethan (PUR)
- Polymethylmethacrylat (PMMA)
- Polystyren (PS)
- Nylon-12
- Nylon-6

Hier ist eine Liste mit Kosmetikprodukten, die Mikroplastik enthalten:

- Peelings
- Gesichtsreiniger
- Tagescremes
- Waschgels
- Pflegebäder
- Duschgel
- Puder, Rouge und Make-up
- Lippenstifte und Lipgloss
- Shampoo, Spülung und Conditioner
- Lidschatten, Mascara, Eyeliner
- Augenbrauenstifte
- Sonnencreme
- Rasierschaum und After Shaves

- Deodorants
- Handcreme

Bei Kosmetik gilt: Kaufe lieber Bio-Kosmetik (wie zum Beispiel Kosmetikprodukte von Lavera, Weleda oder Alverde) oder am besten noch: Stelle deine Körperpflegeprodukte selbst her. Dazu später mehr. Hier sind einige Ideen, um Müll im Badezimmer einzusparen:

- Nimm die gute alte Kernseife

Verwende ein Stück Seife, anstatt Duschgel aus einer Plastikflasche oder Flüssigseife aus einem Plastik-Spender. Reine Bio-Kernseife funktioniert genauso gut und ist zudem noch gesund und schonend zur Haut. Es gibt mittlerweile auch Bio-Shampoo und Bio-Haarkuren in Seifenform. Für ein Hautpeeling kann man außerdem auch Haushaltsmittel, wie Kaffeesatz, Zucker oder Meersalz verwenden. Diese sind nicht nur günstiger, sondern auch gleichzeitig gesund für die Haut.

- Nutze wiederverwendbare Abschminkpads

Nehme anstatt einmal-verwendbare Wattepads, waschbare Abschminkpads aus Stoff oder einfach einen Waschlappen. Verzichte unbedingt auf Feuchttücher. Denn solche Tücher enthalten Plastikfasern aus Plastikarten, wie Polyester, Polypropylen oder Polyethylen.

- Kaufe Duschvorhänge aus Baumwolle

Diese sind normalerweise gewachst und bilden somit eine gesunde Alternative zu Duschvorhängen aus PVC. Denn diese enthalten viele Weichmacher.

- Benutze eine Menstruationstasse

Eine umweltfreundliche und ebenfalls gesündere Alternative zu Tampons und Binden, ist die sogenannte Menstruationstasse. Diese wird nach der Benutzung einfach abgekocht und ausgewaschen. Auf lange Sicht lohnt sich eine Menstruationstasse auch finanziell. Außerdem ist sie neutral zum Körper und verursacht keine Krankheiten, im Gegensatz zu Binden und Tampons.

Außerdem:

- Benutze Haarbürsten, Kämme und Zahnbürsten aus Holz.
- Verwende Zahnseide aus natürlicher Seide und Bienenwachs, statt aus Kunststoff.
- Benutze einen nachhaltigen Rasierer aus Metall und auswechselbaren Klingen.
- Kaufe nur Wattestäbchen, die aus Papier- oder Pappstiel bestehen.

Möbel

Möbel, die alt aber noch gut erhalten sind, können zum

Beispiel gespendet werden oder für den eigenen Gebrauch wiederaufbereitet werden. Wenn deine Möbel kleinere Reparaturen benötigen, führe bitte eine Reparatur durch, bevor du den Artikel spendest.

Wenn sie wirklich nicht mehr zu verwenden sind, dann kannst du sie in Einzelteile zerlegen und diese evtl. noch wiederverwenden. Ansonsten musst du sie wohl oder übel wegwerfen. Bitte werfe keine Möbel oder Haushaltsgegenstände in den Papierkorb. Nicht mehr verwendbare Möbel müssen in den Hausmüll geworfen werden.

KAPITEL 13: ZERO WASTE AUF DER ARBEIT

Auch auf der Arbeit wird eine Menge Müll produziert. Wer im Büro arbeitet kann sich vorstellen, wie viel Plastik dort jeden Tag verwendet wird. Normalerweise stellt der Arbeitgeber diese bereit. Deshalb sollte man sich auch an ihn oder sie wenden, um den Verbrauch zu senken.

Zum Beispiel könnte man zusammen eine Lösung finden, wie man Mappen, Ordner, Kugelschreiber und sonstige Artikel aus Plastik ersetzen kann. Meist bestellen Firmen diese Dinge, da sie es so gewohnt sind und da diese Dinge meist kostengünstiger sind.

Allerdings könnte man einige Veränderungen vornehmen, die die Kosten nicht gerade in die Höhe treiben.

Zum Beispiel:

- Hochwertige Kugelschreiber nehmen, dessen Minen sich austauschen lassen
- Verbrauchsartikel, wie Anspitzer und Ablagen aus Holz nehmen (die sind meist stabiler und halten auch länger)
- Einen Kaffee-Vollautomaten anschaffen (dadurch werden keine Kapseln verwendet und er lohnt sich auf

lange Sicht, da er nur Wasser Bohnen und Strom benötigt)

• Verwenden einseitig bedrucktes Papier zum Drucken. Wenn du neues Papier kaufst, wähle recyceltes und in Papier verpacktes Papier.

• Drucke das Porto und Adressen direkt auf die Umschläge oder noch besser: Verschicke Mails.

• Verwende Büroklammern anstelle von Heftklammern.

• Nutze die Bibliothek für Zeitschriften und Bücher, verkaufe deine Bücher oder spende sie an eine Bibliothek, damit andere Menschen sie lesen können.

Unterwegs oder auf dem Weg zur Arbeit

Auch wenn du unterwegs bist, zum Beispiel in einem Restaurant oder Café, kannst du Plastik sparen. Vielleicht bist du aber auch auf dem Weg zur Arbeit und möchtest dir noch einen Coffee-to-go mitnehmen. Hier sind ein paar kleine Tipps, um auch unterwegs Müll zu sparen:

• Kaufe Eis in einer Waffel, statt in einem Einweg-Becher.

• Lehne im Restaurant oder in der Bar den Strohhalm ab. Es gibt übrigens auch schicke wiederverwendbare

Trinkhalme aus beispielsweise Bambus, Glas oder Edelstahl.

•   Verzichte bei deinem Coffee-to-go auf den Plastikdeckel vom Becher. Oder besser noch: Nehme deinen persönlichen Thermo-Becher von zuhause mit. Normalerweise akzeptieren die Geschäfte mitgebrachte Becher. Manchmal bekommt man sogar einen Rabatt für den Aufwand.

•   Verzichte auf Einweg-Geschirr oder Einweg-Besteck. Du kannst als Alternative zum Beispiel ein Mehrweg-Geschirr, das aus schadstofffreiem Plastik besteht, verwenden oder am besten noch ein Mehrweg-Geschirr aus Holz nehmen.

•   Nehme deine eigene Lunchbox mit, wenn du dir Essen zum Mitnehmen bestellst. Damit sparst du manchmal sogar Verpackungskosten.

KAPITEL 14: ZERO WASTE BEI BE-SONDEREN ANLÄSSEN

Oft habe ich das Problem, dass ich für besondere Anlässe, alle meine Prinzipien über Board werfe, da ich denke: „Es ist ja nur einmal, was ist schon dabei." Tja, wenn wir aber alle so denken, wird das Ganze nie ein Ende nehmen. Und es muss nicht wirklich komplizierter sein, sondern kann auch gleichzeitig einfach und günstig sein. Hier ein paar Tipps zum Thema besondere Anlässe und Geschenke:

- Online-Einladungen

Beginne damit, Papiereinladungen zu vermeiden. Mit dem PC kann man wunderschöne, abfallfreie Einladungen erstellen und sie per Mail oder auf WhatsApp versenden. Ebenso einfach ist es, eine Veranstaltung auf Facebook zu erstellen, auf der Gäste zu- oder absagen können. Außerdem wird dir dies helfen, die Übersicht über die Gästeliste zu behalten.

- wiederverwendbare Dekorationen

Wähle anstelle von Luftballons große Pompons aus recyceltem Papier. Besser noch, stelle Dekoration aus alter Kleidung her. Mache zum Beispiel ein Stoffbanner, indem du „Happy Birthday" auf alten Jeansstoff stickst, anstatt jedes Jahr ein Wegwerfbanner zu kaufen.

- einfache Lebensmittel

Einfache Fingerfoods und Muffins sind zum Beispiel leicht zuzubereiten und meist kommt man dabei mit Servietten aus. Für Kinder muss das Essen nicht unbedingt in bunten Plastikfolien verpackt sein. Einen selbstgemachten Kuchen und Popcorn, oder vielleicht sogar etwas Obst, kann genauso gut sein und ist sogar noch gesünder.

- Mehrweggeschirr und Servietten

Entscheide dich gegen Pappteller und Plastikbesteck und nehme stattdessen richtiges Geschirr. Manche Menschen möchten vielleicht nicht das gute Geschirr nehmen. Aber auch dafür gibt es eine Lösung: Stelle zum Beispiel ein Geschirr aus einem örtlichen Second-Hand-Geschäft zusammen. Dieses Geschirr muss nicht viel kosten und du kannst es für alle zukünftigen Partys wiederverwenden. Du kannst sogar deine eigenen Stoffservietten aus Stoffresten herstellen. Informiere deine Freunde und Familie über deinen Partyvorrat, damit sie auch bei ihren Veranstaltungen, wie Geburtstage, Kinderfeste usw. weniger Abfall haben.

- Spenden gegen Geschenke

Wie wäre es damit: Du bekommst dieses Jahr keine Geschenke, sondern gibst deinen Gästen die Gelegenheit, das Geld für einen guten Zweck zu spenden. Damit kannst du eine Menge Müll sparen und sein wir mal ehrlich: Wir besitzen doch meist eh schon alles, was wir haben wollen, oder? Auch Kinder könnten von dieser Idee begeistert sein. Sie werden es unglaublich wichtig finden, das Geld selbst auszuhändigen und zu erklären, wo es herkommt. Jedes Jahr, in dem sie älter werden, werden sie auch mitfühlender.

Geschenke verschenken

Geburtstage, Kommunion, Hochzeiten oder andere Veranstaltungen stehen für die meisten Menschen mindestens einmal im Monat an. Da ist es manchmal gar nicht so einfach das richtige Zero Waste Geschenk zu finden, welches unseren Liebsten auch noch gefallen soll!
Hier ist eine kleine Liste mit Zero Waste Geschenkideen:

1. Mehrwegstrohhalme
2. Hausgemachte Süßigkeiten oder Kekse
3. Pflanzen
4. Häkelhandschuhe, Schal oder Decke
5. Kerzen
6. Restaurant Geschenkgutschein

7. Massage Geschenkgutschein
8. Mitgliedschaft im Fitnessstudio
9. Obst- und Nusskorb
10. Tauchkurs
11. Selbstgemachte Seife oder Shampoo
12. No-Waste-Rasierhobel
13. Lebensmittelbehälter aus Edelstahl
14. Kochkurs
15. Abo für digitale Magazine
16. Gitarrenunterricht
17. Samen für den Garten
18. Selbstgemachte Gewürzmischungen
19. Mehrweg-Einkaufstasche
20. Selbstgemachtes Tierspielzeug
21. Holzspielzeug
22. Selbstgemachte Marmelade
23. Bambus-Schneidebrett
24. Selbstgestrickte Socken
25. Holzschale
26. Brownie-Mix in einem Glas

Und dann stellt sich da noch die Frage: Wie verpacke ich das Geschenk? Manche Geschenke müssen nicht unbedingt verpackt werden. Wenn man andere dennoch überraschen möchte, greift man schnell zum herkömmlichen Geschenkpapier. Das muss aber nicht sein!

Geschenkpapier, ja oder nein?

Man kann Geschenke auch in alten Kartons oder Zeitungspapier hübsch einpacken. Mit Schnüren aus Baumwolle und ein paar frisch gepflückten Blumen kann das Ganze mindestens genauso ansehnlich sein, wie ein in Geschenkpapier verpacktes Geschenk mit Plastikschnüren. Sei kreativ und nutze Dinge, die du Zuhause hast. Vielleicht kannst du auch altes Geschenkpapier noch einmal verwerten.

Wenn man ein Geschenk nicht direkt zerreißt beim Auspacken, kann es sehr gut aufbewahrt werden und für ein anderes Geschenk wiederverwendet werden. Oft sieht man gar nicht, dass es schon benutzt wurde. Und wenn doch, dann wissen deine Freunde und Familienmitglieder doch sicher zu schätzen, dass du auf die Umwelt achtest.

Denn sind wir mal ehrlich: Kein Mensch achtet wirklich auf das Geschenkpapier. Es landet bei den meisten innerhalb von Sekunden in der Mülltonne. Ist es das wirklich wert?

KAPITEL 15: EINFACH SELBER MA-CHEN, STATT KAUFEN

Eine Menge Produkte, wie zum Beispiel Kosmetikprodukte, lassen sich zum Beispiel ganz einfach selbst herstellen. Der Vorteil dabei ist, dass du genau weißt, welche Inhaltsstoffe deine Kosmetikprodukte enthalten. Sie sind:

- ✓ umweltfreundlich,
- ✓ gesund
- ✓ und sie sind zudem noch günstiger.

Der einzige Nachteil dabei ist, dass man sie selbst herstellen muss. Dies nimmt natürlich eine gewisse Zeit in Anspruch. Du solltest dir genau überlegen, wie wichtig dir deine Gesundheit und deine Umwelt sind. Möchtest du weiterhin ungesunde Produkte einkaufen? Oder legst du wirklich Wert auf selbstgemachte Produkte, denen du vertrauen kannst? Bist du bereit ein wenig Zeit darin zu investieren?

Dann können dir die folgenden Rezepte sicher weiterhelfen!

Wie du Kosmetikprodukte selber herstellen kannst

Diese Produkte lassen sich leicht selbst herstellen und können deine alltäglichen Kosmetikprodukte ersetzen. Diese Rezepte sind umweltfreundlich und gesund für den Körper:

- Shampoo

Für ein selbstgemachtes Shampoo benötigst du Seifenlauge. Diese sollte entweder Bio sein oder du stellst sie ebenfalls selbst her. Denn somit stellst du sicher, dass dein Shampoo 100% frei von Schadstoffen ist.

Seifenlauge

15 g	neutrale Seife (am besten in Flocken)
125 ml	destilliertes Wasser

Du kannst dazu die Seifenflocken in kochendem Wasser auflösen. Solltest du nur Seife am Stück haben, kannst du sie auch mit einer Küchenraspel in kleine Flocken hobeln. Je nach Vorlieben kannst du dann dein Shampoo auf dieser Grundlage selbst kreieren. Das kann zum Beispiel folgendermaßen aussehen:

Kamille-Shampoo

125 ml	Seifenlauge
250 ml	Kamillentee

Koche dazu 250 ml Wasser auf gebe nach Belieben Kamillentee hinein. Lasse das ganze mindestens eine Stunde ziehen, damit sich das Aroma entfalten kann. Gieße das Wasser durch ein Sieb in einen Behälter und vermenge es mit der Seifenlauge. Anschließend kannst du dann dein Shampoo in ein Gefäß abfüllen.

Kamille hat den Vorteil, dass es entzündungshemmend und gegen juckende Kopfhaut hilft. Außerdem ist es ein natürlicher Aufheller und besonders für blondes Haar geeignet. Für dein Shampoo kannst du natürlich auch andere Inhaltsstoffe verwenden.

Gesund für das Haar und auch für die Haut sind vor allem Pflanzenöle, wie Olivenöl, Sesamöl oder Kokosöl. Gebe dazu nur wenige Tropfen in dein Shampoo, damit dein Haar nicht fettig wird. Außerdem kannst du mit dem gleichen Rezept und ein wenig Kokosöl zum Beispiel auch ein Duschgel herstellen. Damit dein Haar besser riecht, kannst du außerdem ätherische Öle in dein Shampoo geben.

- Zahnpasta

4 EL	Kokosöl
2 EL	Natron

Pfefferminzöl oder Stevia-Pulver (nach Geschmack)
Einfach alles miteinander vermengen und fertig ist
deine selbstgemachte Zahnpasta!

- Deodorant

2 TL   Natron
10 Tropfen   ätherisches Öl (zum Beispiel Lavendelöl)
100 ml   destilliertes Wasser

Vermische alle Zutaten miteinander und fülle die Flüssigkeit in eine Sprühflasche. Somit erhältst du ein Deodorant ohne Aluminium und ohne Plastik. Achtung: manche Menschen reagieren allergisch auf bestimmte Natur-Öle. Das solltest du vorher testen!

- Puder

10 g   Talkum (die Grundlage)
7 g   Titanoxid (für die Aufhellung)
2 ML   Magnesiumstearat (für die Haftung
auf der Haut)
1 ML   Pigmentstoffe
             Jojoba-Öl

Die Zutaten für das Puder solltest du aus der Apotheke oder einem Reformhaus besorgen, damit du sichergehen kannst, dass sie natürlich sind. Vermische das Talkum, Titanoxid und das Magnesiumstearat miteinander und zerkleinere die Masse mit einem Mörser. Gebe zum

Schluss noch ein bis zwei Tropfen Jojoba-Öl hinzu und fülle das Puder in ein Gefäß. Du solltest es innerhalb von 3 Monaten aufbrauchen.

Ein weiterer kleiner Tipp: Verwende statt Abschmink-creme einfach etwas Kokosöl. Das reinigt hervorragend dein Gesicht und deine Augen, ist dabei besonders sanft und spendet Feuchtigkeit!

Wie du Putz- und Waschmittel selber herstellen kannst

Außerdem lassen sich schadstofffreie Putz- und Wasch-mittel ganz leicht durch ein paar Haushaltsmittel ersetzen. Dadurch weißt du, womit du es beim Putzen zu tun hast und sparst eine Menge Geld und Plastik. Selbstgemachtes Waschmittel ist außerdem für die ganze Familie gesünder.

Hier die Rezepte:

- Geschirrspülmittel für die Spülmaschine

2 Tassen   Waschsoda (Natriumcarbonat)

½ Tasse   Zitronensäure

½ Tasse   Salz

Vermische alle Zutaten miteinander und fülle sie in ein Schraubglas. Verwende pro Laufgang 1–2 Teelöffel des Geschirrspülmittels.

- Allzweck-Reiniger

3 EL	Natron
100 ml	Seifenlauge
2 EL	Zitronensäure

Alles vermischen und fertig ist der Allzweck-Reiniger für Verschmutzungen, Kalk und üblen Gerüchen. Dazu sollte man das Putzmittel 15 Minuten lang einwirken lassen und Flecken hinterher mit einer Bürste entfernen.

- Waschmittel

4 EL	Waschsoda (Natriumcarbonat)
2 L	Seifenlauge
	Ätherische Öle

Hier wieder alles miteinander vermengen. Für einen normalen Waschgang reichen 150 ml Waschmittel vollkommen aus. Bei weißer Wäsche kannst du zusätzlich noch 2 TL Natron in die Wäsche geben, damit sie strahlend weiß bleibt. Allerdings solltest du diese Waschmittel nicht für Kleidung aus Wolle oder Seide verwenden, da die Waschsoda die Fasern beschädigen könnte

KAPITEL 16: BIST DU EIN EXPERTE?

Damit du dich selbst kontrollieren kannst, ob du die Informationen aus diesem Teil des Buches schon verarbeitet hast, solltest du dir diese Fragen einmal anschauen. Du kannst sie entweder im Kopf versuchen zu beantworten oder die Antworten auf einen Zettel schreiben. Wenn du dir nicht sicher bist, solltest du die ein oder andere Stelle noch einmal nachlesen, damit du zu einem echten Experten auf diesem Gebiet wirst.

1. Welche drei Schritte solltest du beim 11-Schritte-Plan zuerst berücksichtigen?

2. Worüber solltest du nachdenken, bevor du neue Kleidung kaufst?

3. Nenne 3 Kosmetikartikel, die du austauschen kannst, um weniger Müll zu produzieren.

4. Was könntest du auf deiner Arbeit verändern, um die Umweltverschmutzung durch Plastik zu reduzieren?

5. Wie könnte ein Zero-Waste-Geschenk aussehen?

6. Was benötigt man, um sein eigenes umweltfreundliches Shampoo herzustellen?

Schlusswort

Ich hoffe, dass dir dieser Ratgeber helfen konnte, die Lage auf unserem Planeten besser zu verstehen und zu begreifen, warum es wichtig ist, dass wir alle weniger Müll produzieren. Wir alle können etwas bewegen, denn gemeinsam sind wir stark! Es bringt nichts, wenn jeder denkt, dass er sowieso nichts ändern kann.

Jeder Einzelne von uns kann etwas bewirken!

Zu einem Zero-Waste-Lifestyle gehört eine Menge Disziplin und Arbeit. Man kann nicht erwarten, dass man sein Leben von heute auf morgen einfach so umstellt. Diese Umstellung benötigt Zeit. Der erste Schritt ist auf jeden Fall für dich getan, da du dich mit diesem Buch informiert hast. Der Wille ist da! Und wo ein Wille ist, da ist auch ein Weg.

In diesem Sinne wünsche ich dir alles Gute für die Zukunft! Auf das wir alle gesund bleiben und auf das uns unsere wunderschöne Natur noch lange erhalten bleibt!

Hilfreiche Links & Bonusmaterial

Bonusmaterial zum Buch:

Projekt Ilya Ru: www.IlyaRu.com

Mehr Bücher von Ilya Ru & Team kannst du hier finden: https://www.ilyaru.com/amzbooks

Weitere Projekte von Ilya Ru & Team:

www.Bauchspeck-Weg.com

Bauchspeck Weg YouTube Kanal für hilfreiche Tipps und Strategien zum Abnehmen abonnieren: https://www.bauchspeck-weg.com/YT

Bauchspeck Weg Blog: https://www.bauchspeck-weg.com/

Impressum

www.ingramcontent.com/pod-product-compliance
Lightning Source LLC
Chambersburg PA
CBHW070746250726

48662CB00004B/1650